Mischa Damjan
Józef Wilkoń

DER CLOWN

Nord-Süd Verlag

SAGTE NEIN

Im großen Zirkus herrschte atemlose Stille, als der Mann mit dem Zylinder rief: »Meine Herrschaften, liebe Kinder! Wir kommen nun zu unserer Glanznummer: Hier ist Petronius, der lustigste Clown der Welt. Und hier ist ein Esel, so störrisch, wie er eben sein muß!«
Die Musikanten begannen zu spielen. Doch es geschah nichts! Weder der Clown noch der Esel bewegten sich. Die Musikanten spielten und spielten und hörten dann auf.
»Hoppla, Petronius! Hoppla!« rief der Direktor und knallte ungeduldig mit der Peitsche.
Doch weder der Clown noch der Esel regten sich.
»Hoppla Petronius!« schrie der Direktor noch lauter. – Stille.
Und da plötzlich sagte der Clown: »Nein!«

Theodor, der Esel, bewegte seine Ohren von links nach rechts, und das war auch ein deutliches Nein. Die Zuschauer lachten und klatschten. Sie fanden es lustig.

Der Direktor fand es nicht lustig und knallte wieder mit der Peitsche.

»Ich will nicht mehr lachen und nicht mehr weinen«, sagte Petronius ruhig. »Es macht mir keinen Spaß, den Narren zu spielen.«

»Aber was willst du denn?« fragte der Direktor.

»Ich will Geschichten erzählen«, sagte Petronius leise.

Der Direktor drehte sich plötzlich um und schrie den Esel an: »Und du? Willst du auch Geschichten erzählen?«

»Nein, ich will Petronius zuhören«, erwiderte der Esel geduldig.

Und damit machten der Clown und der Esel kehrt und verließen die Manege.

Das muß doch zum Programm gehören, sagten
sich die Zuschauer und klatschten.

Da rief der Direktor die zweite Nummer aus:
»Ferdinand, das tanzende Pony!«

Ein Pony trippelte in die Manege. Der Direktor
hob seine Peitsche – da sagte das Pony: »Ich
mache nicht mehr mit. Das ist nur Dressur, und
ich bin nicht stolz darauf.« Und es verließ die
Manege.

Zögernd rief der Direktor die dritte, die vierte
und die fünfte Nummer aus: die Giraffe Luise,
den Löwen Gustav und den Hund Otto. Sie alle
kamen, aber keiner spielte seine Nummer.

Die Giraffe wollte ihren langen Hals nicht für
Kunststücke gebrauchen. Der Löwe wollte nach
Afrika zurück, und der Hund Otto liebte wohl
seinen Ball, nicht aber die Kette an seinem Hals.

Da griff sich der Direktor an den Kopf und schrie
ganz verzweifelt: »Sie weigern sich alle!
Das ist eine Rebellion!«

Jetzt begannen die Zuschauer zu pfeifen
und verließen den Zirkus.

Zur selben Zeit packten
die sechs Zirkusrebellen ihre
Siebensachen und gingen.
Als auch die letzten Zuschauer das große
Zelt schimpfend verließen, waren die sechs
schon verschwunden.

In einem Wald machten sie halt.
»Jetzt sind wir frei«, sagte Petronius.
»Wir werden es schön haben«, sagte der
Esel Theodor träumerisch.
»Und auch schwer«, sagte Ferdinand,
das Pony, weniger träumerisch.
»Große Künstler haben es immer schwer«,
sagte die Giraffe Luise.
»Aber ohne Kette um den Hals wäre alles
viel leichter«, sagte Otto, der Hund.
Petronius stand auf, löste die Kette und
sagte: »Ich verstehe dich, Otto.«
»Vielleicht kommen wir einmal bis nach
Afrika«, sagte der Löwe Gustav,

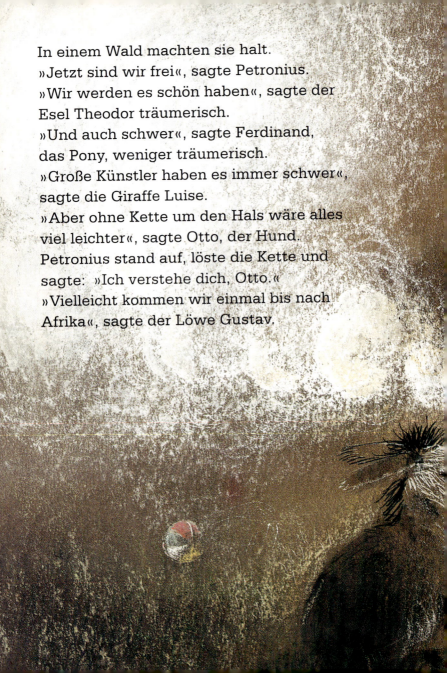

»Morgen suchen wir uns Arbeit«, sagte Petronius.
»Wir müssen Geld für ein Zirkuszelt und eine
Trompete verdienen«, sagte Petronius.
Alle waren einverstanden. Als das Feuer am
Verglimmen war, legten sie sich zufrieden hin
und träumten vom eigenen Zirkus.

Am Morgen gingen sie ins nächste Städtchen.
Doch nur Luise und Ferdinand fanden Arbeit.
Luise mußte jeden Abend die Straßenlaternen
anzünden und um Mitternacht wieder löschen.
»Für dieses Handwerk ist mein langer Hals
gerade recht«, sagte sie zufrieden.
Auch Ferdinand war zufrieden. Er mußte jeden
Morgen und jeden Abend den Milchwagen in die
Molkerei ziehen.
Als aber eines Tages die Dorfmusikanten mit
ihren Trompeten an Ferdinand vorbeizogen und
einen Walzer spielten, fing Ferdinand zu tanzen
an. Der Wagen kippte, und die Milch ergoß sich
über den Platz.
Ferdinand verlor seine Arbeit, und er schimpfte
über die Dressur, die er nicht mehr loswerden
konnte.
Doch Ferdinand und Luise hatten genug verdient
für ein Zirkuszelt und eine Trompete.

Das neue Zelt stellten sie in der nächsten Stadt auf, und Petronius malte einige Plakate. Drei Tage später war die erste Vorstellung des ZIRKUS FÜR KINDER UND POETEN. Es wimmelte von Kindern; aber auch Erwachsene waren da. Es schien, als lebten in dieser Stadt sehr viele Poeten. Otto spielte mit dem bunten Ball wie früher – nur ohne Kette. Petronius blies auf seiner Trompete und erzählte Geschichten. Theodor hörte ihm glücklich zu.

Dann blies Petronius einen Walzer für Ferdinand. Und Ferdinand vergaß diesmal seine Dressur. Er tanzte nicht. Nein, er schlief ein. Denn es war immer sein Traum gewesen, einmal bei Walzermusik schlafen zu dürfen.

Die Kinder waren begeistert. Sie klatschten,
lachten und freuten sich. Und die Erwachsenen
freuten sich auch, denn so etwas hatten sie noch
nie gesehen. Dieser Zirkus war wirklich großartig.
Als die Vorstellung im kleinen Zirkus zu Ende
war, kamen viele Kinder zu Otto, Ferdinand
und Theodor, auch zu Gustav und Luise.
Sie gratulierten ihnen begeistert.
Ein Kind kam zu Petronius und sagte: »Du bist
ein guter Clown. Hier ist mein Luftballon.
Ich schenke ihn dir.«

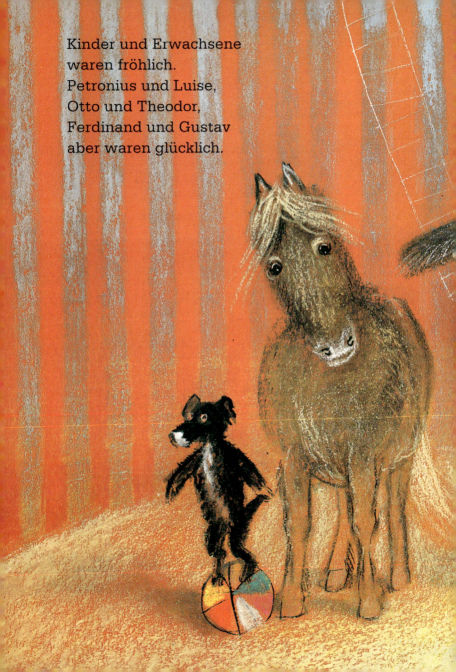

Kinder und Erwachsene
waren fröhlich.
Petronius und Luise,
Otto und Theodor,
Ferdinand und Gustav
aber waren glücklich.

© 1996 für diese Sonderausgabe (gekürzte Fassung) und © 1986 für die Originalausgabe
Nord-Süd Verlag AG, Gossau Zürich, Hamburg und Salzburg
Alle Rechte vorbehalten
Druck: Editoriale Bortolazzi-Stei, San Giovanni Lupatoto
ISBN 3 314 00748 5